KB265131

묵정밭에 피어난 꽃

미래시선 138

묵정밭에 피어난 꽃

· 지은이 ｜ 류각현
· 펴낸이 ｜ 임종대
· 펴낸곳 ｜ 미래문화사

· 찍은 날 ｜ 2005년 9월 10일
· 펴낸 날 ｜ 2005년 9월 15일

· 등록 번호 ｜ 제3-44호
· 등록 일자 ｜ 1976년 10월 19일
· 주소 ｜ 서울시 용산구 효창동 5-421
· 전화 ｜ 715-4507 / 713-6647
· 팩시밀리 ｜ 713-4805
· E-mail ｜ miraebooks@korea.com
            mirae715@hanmail.net

ⓒ 2005, 미래문화사
· ISBN ｜ 89-7299-307-7 03810

묵정밭에 피어난 꽃

상산 류각현 제 2시조집

미래시선 138

미래문화사

변하지 않는 지문처럼

두 번째 시조집을 상재면서 내 엄지손가락의 지문을 본다.
내 손가락의 지문은 나 혼자만의 것이다. 이 시조집 또한 내
사유를 풀어놓은 지문과 같다.

다시 시조집을 내려 하니 부모님 생각이 새삼 간절하다.
나의 부모님에 대한 그리움도 내 지문과 같다.
그런 생각으로 쓴 졸작 〈모정母情〉의 일부를 옮긴다.

고향길 무지개는 어머니 마음인 듯,
양천산 봄꽃들은 어머니 사랑인가
해마다 그리움 속에 곱게 곱게 또 핀다.

양천산 봄꽃이 어머니의 사랑으로 비치는 것도, 그래서 해마
다 그리움으로 찾아오는 것도, 부모님이 물려주신 지워지지
않는 지문이다. 앞으로의 내 삶 역시 지문처럼 변함이 없을
것이다.

사랑하는 가족과 미래문화사 임종대 사장님, 그리고 작품해
설을 써주신 이호림 박사께도 고마움을 표한다.

2005. 9. 10
常山 柳 珏 鉉

세월강도 뛰어넘네 · 1

2 · 꽃들을 위한 노래

기암봉奇巖峰 푸른 솔에
실안개 쉬고 있다

동강 물 청둥오리
자맥질 한가롭고

샛바람
조용히 다가 와
귓불 만지는 저 여유

1

세월강도 뛰어 넘네

서시序詩

지나온 인생길
뒤돌아 다시 보니

계절은 가을인데
거둘 것 없어라

인동초忍冬草
마음에 심어
꽃피워 보리라

상원사에서
- 보은의 종소리 들으며

산사의 저녁 예불
은은히 들려올 때

상원사 종소리가
노을 속에 퍼져간다.

푸드득
장끼 한 마리
전설傳說 물고 날아들고……

전설 속 보은의 길
애처롭고 마음 아파

가만히 눈감으면
가슴 깊이 쌓이는 말씀

은혜의
큰사랑 향기
세월강歲月江도 뛰어 넘네.

적악 단풍 붉어라
- 치악산과 섬강

"섬강이 어디메오
치악이 여기로다."

옛시인 맑은 시심詩心
물안개 피어나고

영원성鴒原城
큰 함성소리
적악 단풍 붉어라.

빛여울 아스라한 절벽
희미한 산 그리매

수채화 그린 솜씨
그 누구 숨결인가

비오리
타는 노을 속
두꺼비강 끌고 가네.

여유

- 동강 소묘

기암봉奇巖峰 푸른 솔에
실안개 쉬고 있다

동강 물 청둥오리
자맥질 한가롭고

샛바람
조용히 다가 와
귓불 만지는 저 여유.

치악팔경雉岳八景

제1경/ 미륵불탑*

비로봉 미륵불탑 산악인 안식처로
삼도三道 돌 정성 모아 피어낸 연꽃 향기
훈훈한 사랑의 숨결 치악 가슴 열고 있네.

제2경/ 치악산* 상원사

꿩의 보은 숨쉬는 상원사 찾아간다
노스님 불경소리 마음속 젖어들고
천 미터 높디높은 곳 종소리 떨림이여.

제3경/ 구룡사

구룡사 전설 속에 용, 거북 살아나고
구룡골 단풍 길은 불그레 웃는구나
세렴폭 잠긴 하늘이 산 그림자 동무하네.

제4경/ 성황림

마을의 수호신인 처녀림 숲 속에는
느릅나무 꽃단풍이 가을 향 불사르고
소슬한 바람 불어와 산국화를 태우네.

제5경/ 사다리병창

산책로 즐기던 길 어디론가 사라지고
암석 층 곤두서서 가는 사람 막고 서네
등산객 힘든 걸음걸이, 송골송골 땀방울.

제6경/ 영원산성

영원사 비켜 돌아 산성에 올라선다
임진란 격전지에 멈춰선 함성소리
문숙공* 아픈 사랑이 한 송이 핀 야생화.

제7경/ 태종대

노고소 할머니는 죽음으로 사죄하고
빗돌의 주필대는 운곡* 선생 그리움
이 십리 골짜기 물이 태종대를 씻고 가네.

제8경/ 입석대

신라의 의상대사 주야로 수도한 곳
입석대 큰바위는 하늘 향해 호령하고
가던 길 멈춘 길손은 숨죽이며 우러러 보네.

*미륵불탑(삼신탑) : 치악산 주봉인 비로봉에 있다. 중앙에는 신선탑, 남쪽은
　　　　　　　　용왕탑, 북쪽은 칠성탑이 있는데 용창중(용진수) 씨가
　　　　　　　　강원도, 경기도, 충청도 3개 도의 돌을 10년 동안 등짐
　　　　　　　　으로 날라서 쌓았다.

*치악산 : 강원도 원주시 소초면, 판부면, 신림면. 횡성군 우천면, 안흥면 사
　　　　　이에 있는 해발 1288m의 산

*문숙공 : 김제갑의 시호로 임진왜란 때 원주 목사로서 영원산성에서 왜병들
　　　　　과 싸우다 부인 이씨와 아들이 모두 순절하였다.

*운곡 : 원천석 선생의 호. 고려 말, 조선 초의 절의은사.

운곡 선생 묘소 앞에서

사제간 애틋한 정
가슴 묻고 보낸 세월

태종대 머문 달이
변암도 비치건만

찾아온
멀고 험한 길
모른 척도 어렵네.

운곡 선생 묘소 앞에서

영월, 편안히 넘어가는 곳
– 단종의 슬픈 사연

1. 두견새 우는 청령포

용포를 벗어놓고 두루마기 눈물자락
서강의 물소리 그리운 님 한숨소리
두견새 처량하게도 울리는가 청령포.

2. 관음송觀音松

임금님 올라 놀던 소나무는 말이 없고
안타까운 그 모습 뻐꾸기 대신 우네
관음송 보았으리라 패륜 눈 감은 하늘을.

3. 장릉에서

애달프게 가신 단종 잠드신 장릉에는
소나무도 머리 숙여 조용히 침묵하고
푸르름 사육신 닮아 변치 않는 지조여.

4. 선돌의 위용

장릉 길 장승처럼 두 기둥 저 절벽은
아찔하게 우뚝 서서 푸른 물에 비치니
청룡이 승천하려는가 용틀임을 하는구나.

5. 자규루子規樓

달 밝은 밤 누대 올라 자규시 읊을 때
백성들 목놓아 슬피도 우는구나
애달픈 눈물 비되어 한강으로 흐르네.

6. 금강정

어라연 내린 물이 낙화암 휘감아 돌고
배꽃의 하얀 숨결 떨어지는 꽃잎들
흰나비 떠나지 못하고 어린 영혼 달랜다.

7. 금몽암禁夢庵

꿈에 본 그 암자가 지덕암旨德庵 너로구나
언제나 돌아갈까 떠나온 길 한양천리
그리움 잠긴 모습이 떠오르네 별처럼.

8. 고씨굴高氏窟

단종의 혼령 깃든 노곡리 석회암굴
임진란 고씨 부인 순절한 애달픈 곳
종유석 신비로움만 세월 더께 느끼네.

지리산*智異山 10경

제1경/ 천왕일출天王日出

어리석은 사람도 산에 들면 지혜 얻는
최고봉 1915미터 천왕봉 희망 바다
오렌지 동녘하늘이 진홍빛을 출산한다.

제2경/ 노고운해老姑雲海

노고단 1507미터 영봉의 노을 속에
잠시나마 시름 잊고 속세俗世를 벗어났네
찬란한 구름 송이송이 꽃으로 핀 목화여.

제3경/ 반야낙조般若落照

반야봉 1732미터 사방은 절벽지대
무성한 고산식물 자연의 보배로다
태양의 마지막 불꽃 장엄하게 사른다.

제4경/ 벽소명월碧霄明月

밀림과 고사목에 떠오르는 둥근 달은
차갑고 시리도록 푸른빛 비춰라네

밝은 달 주인 없으니 나도 즐겨 갖고 놀고…….

제5경/ 연하선경煙霞仙景

장터목 세석평전 기암괴석 층암절벽
채운彩雲이 홀연히 흘러가고 흘러오니
나도야 신선 되었네 천상이 여기구나.

제6경/ 불일현폭佛日顯瀑

청학봉 백학봉의 험준한 골짜기에
낭떠러지 불일폭포 오색의 무지개가
백옥의 물방울 서려 가는 길손 넋을 뺏네.

제7경/ 직전단풍稷田丹楓

피아골 단풍 꽃잎 현란한 색의 축제
온산이 불타는데 물 거울도 덩달아,
등산객 마음속에는 사랑불씨 타오네.

제8경/ 세석細石철쭉

1600미터 세석평전 30리 길 고원 뜰엔
봄이면 연분홍 꽃 철쭉의 웃음잔치
천상의 화원은 여기 꽃물결 꽃사태.

제9경/ 칠선계곡

최후의 원시림이 하늘을 떠받치고
선녀들 목욕하는 깊숙한 골짜기에
하늘로 울려 퍼진 사랑 견우 직녀 메아리.

제10경/ 섬진청류蟾津淸流

지리산 섬진강에 알몸으로 목욕하고
물 거울 비친 그림자 벚꽃 길도 아름답네
청류淸流의 강바람 쐬며 남녘의 멋 풍류여.

*지리산 : 전남 구례군 광의면, 마산면.
　　　　전북 남원시 주천면, 산내면.
　　　　경남 함양군, 산청군.

산행은 건강꽃길

관음사 계곡 따라 곧은치로 향로봉*에
여행은 인생 꽃밭 산행은 건강꽃길
섭재로 이어져 가는 길 낭만 속의 청그늘

도락道樂의 산벗님네 야생화 오솔길을
즐거운 마음으로 하늘 강江 쳐다 보며
너와 나 좋다 좋다고 하루해가 짧다고

쌈밥의 물레방아 옛 추억 그 이름 속
한잔 술 넘친 정에 오고가는 마음 길
추억만 남겨놓고서 다음 산행 기다리네

*향로봉: 강원도 원주시 소초면 치악산 비로봉 남쪽(1046m)

황악산* 직지사

향 맑은 고운 숨결
물고 가는 새 한 마리

처마 끝 풍경소리
세상 티끌 씻어 주고

직지사*
대웅전 그 앞
나는 나를 찾고 있다.

*황악산 : 경북 김천시 대항면.
　　　　충북 영동군 매곡면, 상촌면.(1,111m)

*직지사 : 황악산에 자리잡은 직지사는 신라 19대 눌지왕 2년(418) 아도화상
　　　　이 창건하였으며 절 이름은 불립문자 직지인심 견성성불(不立文字
　　　　直指人心 見性成佛) 즉 '문자에 의존하지 않고 모든 사람이 가지고 있
　　　　는 참된 마음 곧, 불성佛性을 똑바로 깨치고 밝히면 부처를 이룬
　　　　다.'는 선종의 가르침을 따랐으며, 전설로는 아도화상이 지금의
　　　　경북 구미에 도리사를 짓고 나서 손을 들어 멀리 서쪽의 산 하나
　　　　를 곧게 가리키면서 저 산 아래에도 좋은 절터가 있다고 하여 지
　　　　었기 때문이라고 한다.

우거진 소나무 숲
다람쥐 숨바꼭질

계류溪流는 여울돌에
조잘대며 흘러가고

백련암*
푸르른 마음
은혜 바다 이룬다.

*백련암 : 직지사 위 2Km 쯤 되는 곳에 백련암이 있다. 직지사의 부속암자
　　　　로 비구니들만의 조촐한 암자인데 샘물이 좋다.

빈 가슴 바람소리
불심佛心이 잠재우고

종소리 은은하게
메아리 번진 하늘

수줍은
얼굴 붉히며
떠나가는 낙조落照여.

높은 산 영마루엔
꽃구름 뭉게뭉게

달처럼 둥근 행복
자비심 함께 하고

바람이
곱게 불어와
탐욕 싣고 떠난다.

고향의 푸른 솔

고향의 오솔길
한 그루 푸르른 솔

조상님 선영先瑩에 핀
나리꽃 두어 송이

힘겨운 삶을 살다 가신
부모님 그림자

속리산*

속리산 문장대엔
안개꽃 피어난다

속세를 떠난 마음
참사랑 살아나고

법주사*
호서 제일 가람
맑은 불심佛心 밝아라

*속리산 : 충북 보은군 내속리면(1,058m)

*법주사 : 신라 진흥왕 14년(553) 의상대사가 창건.
　　　　국보 55호 팔상전이 있다.

장미

울타리 빨간 웃음
열정 사랑 불태우고

흑장미 순교자 피
영원히 사는 것을

발톱을 품속에 숨기고
유혹하는 저 능청.

친구

한 송이 그리운 꽃
마음속 곱게 핀다

삶의 길 등대 하나
오늘에야 찾았구나

다정한 친구 뒷모습
웃는 얼굴 보름달

아카시아

고향의 에움길가
달빛사랑 익어갈 때

하얗게 피어오른
오월의 새색시여

늘푸른
그리운 추억
여기 살아 있구나.

저 분노
- 소나기

우르릉 소리치며
잠든 바위 죽비竹篦친다

벼랑 깊은 물 휩쓸어서
폭포수 쏟아내고

무너진
인륜, 예절을
다 쓸어가는 저 분노.

인생

꽃은 피자 떨어져
땅위에 잠이 들고

봄눈은 내리자
자취를 잃어가듯

인생도
한 떨기 눈꽃
소리 없이 스러지네.

내장산* 단풍

그리움에 불이 붙는
아름다운 골짜기

영혼의 빛깔일까
장밋빛 입술인가

달콤한
첫사랑처럼
넘쳐나는 정열이여.

*내장산 : 전북 정주시, 순창군 북흥면. 전남 장성군 북하면(763m)

아, 그 시인

맑은 눈 고운 정에
비치인 세상 얘기

내연內緣의 깊은 가슴에
차곡차곡 쟁여놓고

먼 하늘
별들을 위해
기도하던 그, 시인인가.

아직도 뜨거운 사랑
지녔다고 속삭이며

노을 같은 애절한 연심戀心
비파에 올리는데

고희古稀의
옛 뜰 안에도
봄은 다시 오더이다.

-《강원문학 대선집》 2005. 6. 30

달맞이꽃

저녁엔
빙그레히
아침엔
다문 입술
산그리매
드리우면
노오란
꽃봉오리
달 보며
수줍은 미소로
샛바람을
깨우네

-《강원문학 대선집》 2005. 6. 30

달맞이꽃

저녁엔
빙그레히

불야성 라스베가스

사막의 한낮거리
적막이 흐르고
그늘에는 노인들
이야기 꽃피우네
야경의
화려한 네온사인
환락의 밤 카지노 사랑

바람난 단풍

바람이 서성이다
가을빛 잠든 사이

물푸레 노란 옷을
사알짝 갈아 입혀

오늘도
바람난 단풍
온산을 다 적시네.

-《강원문학 대선집》 2005. 6. 30

울타리 빨간 웃음
열정 사랑 불태우고

흑장미 순교자 피
영원히 사는 것을

발톱을 품속에 숨기고
유혹하는 저 능청.

꽃들을 위한 노래

나도 꽃이고 싶다

1. 눈꽃(雪花)

그리움 하나둘 배어 있는 얼굴 하나
흰나비 날아와서 푸른 솔잎 가지에다
시등詩燈을 달아놓았네 곱고 고운 꽃등을.

2. 철 잃은 철쭉

가을날 어찌하여 억새에 몸 숨기고
짝사랑 들킨 듯이 수줍은 얼굴 들며
꽃송이 붉은 마음에 피어나는 향수여.

3. 단풍

노을 속 산마루에 이별길 손 흔들며
울면서 매달리는 가엾은 사랑 하나
아쉬움 가득 담긴 정 붉은 눈물 단풍 꽃.

꽃 잔치

어젯밤 보슬비에
꽃망울을 열까말까

오늘은 살랑살랑
웃음으로 태어나네

내일은 벌 나비 모여
고요 깨울 꽃 잔치.

꽃 잔치

찔레꽃

향수가 짙게도 밴
초록빛 햇순 꺾어 먹고

하늘엔 뭉게구름
들판엔 아지랑이

봄 하늘
그리운 모정母情
하얀 웃음 곱게도.

코스모스

연분홍 치마폭이
바람에 춤을 추고

가냘픈 몸매로
하늘하늘 속삭일 때

잠자리
날갯짓하며
쉬었다 가는 쉼터.

코스모스

들국화

찬이슬 기운 차린
노오란 꽃 웃음들

살포시 안기어온
연인 품 하냥 즐기며

들국화 가을 향기가
오솔길을 밝히네.

개망초

메밀꽃 피어난 듯
은하수 놀러온 듯

망초꽃 구슬송이
묵정밭에 정을 주고

하이얀 마음들 모여
이웃사촌 정답네.

엉겅퀴

잎사귀 톱니가시
싸늘함 아파 오고

피는 꽃 자주 빛은
고독을 느끼지만

바이킹 물리쳐준 꽃
스코틀랜드 국화國花여.

엉겅퀴

복사꽃

꽃 소식 기다린 봄
도화桃花가 알려주고

꿈 열매 커가면서
향기는 산을 덮고

풍성한 마음 밭 가꾸는
연분홍의 짝사랑.

할미꽃

앞산에 고개 숙인
할매의 거친 숨결

저승꽃 피운 몸에
희망도 피웠건만

추억만 남기고 떠난
애련의 꽃 백두옹白頭翁.

매화梅花

차디찬
겨울밤을
실눈 뜨고 지새더니

봄소식
알리려고
일찍부터 나왔는가

암향暗香에
밀려가는 겨울
나는 슬쩍 엿보았네.

-《강원문학 대선집》2005. 6. 30

무궁화

끈질긴 기다림이
꽃으로 피어나는

참사랑 울려 퍼진
삼천리 푸른 고향

영원히
꺼지지 않는
겨레불꽃 타오른다.

진달래

소쩍 소쩍 울음소리
생각나는 고향 길

하현달 기우는 밤
새벽은 밝아오고

밤새 운
피울음 속에
두견화는 붉게 핀다.

앞산에도 불지르고
뒷산에도 불지르더니

오늘은 온산자락
그리움으로 타는구나

봄처녀
여린 가슴에도
번져 가는 저 불꽃.

비에 젖은 해바라기

붉은 마음 기다림이
샛노란 그리움 되어

태양을 사모하다
지쳐서 돌아누워

고개를
떨구고서는
서럽도록 우는 여인.

현호색

남색 물 엷게 물든
보드라운 정감 속에

여리고 고운 꽃이
북풍을 내몰았네

그리움
가득히 고인
환희의 봄 낭만 꽃.

제비꽃

고향의 추억에 핀
반지꽃 자주빛깔

아련한 그리움
별빛 되어 살아나고

오늘도
못 다한 얘기
꿈속에서 맴돈다.

솜방망이꽃

솜털 옷 입은 모습
겨울이 한창인데

얼굴엔 노란 미소
봄날의 아지랑이

세상을 편하게 만든
포근한 웃음소리.

솜방망이꽃

금낭화

행운의 복 주머니
사랑도 함께 담아

자손들 잘되기를
정성 모아 비는 모정

첫날밤
청사초롱이
원앙 한 쌍 지키네.

목련

우윳빛 언 땅 놀라
봄빛도 고와라

봉긋한 가슴 열어
고요를 깨우면

앞뜰엔
소담하게 웃는
염화미소 고운 얼굴.

노오란 촛불
– 복수초*

이른 봄 눈 속에 핀
엷은 미소 자비심

아침에 꽃잎 열고
저녁에 닫는 모습

노오란
촛불 켜들고
해오름도 보는구나.

*복수초 : 복수초는 눈 속에서 핀다고 하여 〈눈색이꽃〉, 또는 눈 속에 피는
　　　　연꽃과 같다고 하여 〈설연〉으로 불리는 여러해살이풀

방울철쭉

연분홍 망울망울
조막손 펼쳐놓고

햇볕에 졸고 있는
그리움 싹을 틔워

곱게도
피어나는 봄
찾아오는 별꽃이네.

솜다리

"사랑, 기쁨" 꽃말 속에
행복이 함께 한다

푸른 별 맑은 바람
달빛으로 곱게 핀 꽃

고요한
선경 찾는 꽃
연인의 가슴소리.

샛노란 꽃물결

- 산수유

봄눈 속 전령으로 온
삼월의 기쁜 편지

화사한 꽃 잔치가
희망찬 봄의 노래

샛노란 꽃물결 치며
마음도 망울 트네.

꽃창포

자색 빛 고운 자태
창포물 머리감고

팔등신 아름다움
쭉 뻗은 각선미

물속의
제 그림자 보고
깜짝 놀란 순수여.

섬강에 물오리들 자맥질 한창일 때
은비늘 고기떼는 요리조리 숨바꼭질
물거울
산그리매는
조용히 지켜본다

돌아 눕는 물소리

태백산* 얼굴

1. 주목

살아서 천년세월 죽어서 그 세월을
푸른빛 변함 없이 청정심淸淨心 꽃피우고
달님을 지키는 모습 충무공을 닮았네.

2. 철쭉꽃

연분홍 꽃이 피는 철쭉의 화원에서
기다림 지친 한숨 흰 얼굴 되었구나
철쭉은 한 서린 여인 아픔 안고 사는가.

3. 안개

안개가 살며시 산허리 감싸 돈다
숲 속의 장끼란 놈 까투리 찾아 푸드득
연인들 안개바다에 추억 낚아 올린다.

4. 단풍

발그레 물든 볼을 닮아 가는 여린 단풍
해맑은 가을 향기 취한 듯 거닐면서
자연의 순리 따르며 한 생애를 그렇게…….

5. 자작나무

흰 세상 하얀 나무 알몸으로 떨면서
먼 하늘 바라보다 지친 듯 하다가도
산새가 그리운가봐 팔 벌려서 흔드네.

6. 상고대*

등산객 거친 숨결 상고대 피어날 때
소나무 잔솔가지 흰옷을 갈아입고
순정한 높은 긍지를 온 누리에 보인다.

*상고대 : 초목에 눈같이 내린 서리.

7. 천제단

개천절 천제를 지성으로 모시는 곳
강원도 성화 불꽃 아름답게 타오르고
참배객 소원성취를 빌고 가는 천제단.

8. 석탄 박물관

땅속은 어두운 생生 애절함이 숨쉬는 곳
숯처럼 속 타는 맘 탄광촌 찌든 삶이
여기에 다함께 모여 밝은 햇빛 그리네.

*태백산 : 강원도 태백시.
　　　경북 봉화군 석포면.
　　　(1,567m)

민둥산* 억새꽃

소슬한 가을바람
억새꽃 활짝 웃고

십사만 평 넓은 봉
흰 파도 물결이네

노을 속
곱고 고운 손
정선아리랑 춤도 추고.

*민둥산 : 강원도 정선군 남면(1118.8m)

함백산*

안개 속 두문동재
높바람 매몰찬데

눈길을 헤치면서
희방재 삼십리 길

눈꽃의
백두대간 길
설국雪國으로 태어나네.

*함백산 : 강원도 태백시.
　　　 정선군 고한읍(1,573m)

문경 새재*(鳥嶺)

선비들 과거길로 한양 찾던 험한 고개
새들도 쉬고 넘는 구름 속 깊은 계곡
새재엔 바람소리도 가쁜 숨을 몰아쉬네

주흘관 조곡관 조령관문 이십여리
철통같은 요새를 비우고 떠나가던
신립의 한 번 실수가 죽음으로 끝났네

폭포수 떨어지니 길 따라 흐르면서
나그네 가는 길을 벗하며 노래하고
푸른 숲 아름다운 꽃 새소리도 하늘로…….

*새재 : 경북 문경군 문경읍

명지산*

밝은 빛 지혜로움
샘솟는 푸르른 산

전설의 실타래를
풀면서 떨어지는

명지폭
검푸른 물엔
산 사랑이 숨쉬네.

*명지산 : 경기도 가평군 북면, 하면(1,267m)

불타는 산사山寺

1. 구룡사 대웅전

포연이 쓸고 가듯
검게 탄 저 주춧돌
앞산도 놀래었나
산마루 붉어진다
구룡골
적막을 깨우며
돌아눕는 물소리.

2. 낙산사

종소리도 끊어졌다
수 백년 그 울림이
화마火魔가 할퀸 자국
천년을 물거품으로
오늘도
검은 그림자
속세의 시詩 쓰는구나.

3월의 눈

1. 선자령*

설원의 솔가지에 고운 은빛 솜이불
꽃피는 춘삼월에 눈꽃이 유혹하네
하산길 엉덩이썰매 선자령은 산타의 길.

2. 제왕산*

동해의 푸른 바다 잡힐 듯 안길 듯이
대관령 옛길 보며 사임당 그리면서
한 폭의 진경眞景 산수화 조물주의 그림 보네.

*선자령 : 강릉시 성산면 보광리와 평창군 도암면 횡계리 사이에 있는 해발
1157m의 큰 고개.

*제왕산 : 강릉시 성산면 어흘리와 왕산면 왕산리에 있는 해발 814m의 산이
며 영동고속도로가 한눈에 들어온다.

매지동산, 미래동산*

푸른 솔 매지동산 가을빛 곱게 물든
은행잎 노란 꽃밭 벚나무 붉은 꽃밭
잔물결 매지 호수엔 낭만 가득 차오네

추억을 노래하는 미래동산 시비에는
별 같은 동주 서시 하얀 마음 피어나고
봄이면 진달래 울긋불긋 가을이면 단풍 꽃

연세의 파란 꿈 지덕체 슬기롭게
산 속의 향학열 타오르는 불꽃이네
젊음의 우렁찬 함성 매지 하늘 흔들고.

*매지동산, 미래동산 : 원주시 흥업면 매지리 연세대 매지 캠퍼스

은행잎

원주고 교정 한편
양탄자 노란 꽃길

시나브로 떨어지는
그리운 사연 하나

은행잎
이운 자리엔
흰세월이 채우나.

인동초 마음

마파람 불 때는
웃음꽃 절로 피고

싸늘한 하늬바람
어깨를 움츠려도

된바람
몰아치는 겨울
인동초 마음 되리.

인동초 마음

봄소식

희망을 알리는 꽃
노랑일까 분홍일까
초록생명 곰실곰실
마른나무 움틔우고
햇나물 상큼한 맛이
고향소식 전하네.

산수유 개나리꽃
영산홍 진달래꽃
봄바람 꽃샘추위
어릴 적 고향 뜰엔
가난한 보릿고개가
가슴 시린 옛 모습.

미나리

아픔을 삭이면서
눈 속을 뚫고 나온

가녀린 한줄기 잎
희망을 기다리네

미나리
파란 향기는
시린 가슴 녹이고.

물오리

섬강에 물오리들 자맥질 한창일 때
은비늘 고기떼는 요리조리 숨바꼭질
물거울
산그리매는
조용히 지켜본다.

저무는 황혼 속에도 돌아갈 줄 모르고
유유히 헤엄치는 섬강의 물오리들
물속에
어린 노을을
긴 주걱으로 퍼낸다.

노을

꽃불이 타올라서
저녁 하늘 물들이고

장미의 붉은 꽃물
무지개로 피어나니

수줍은
소녀 볼우물에
가득 고인 저녁놀.

노을

4월

4월 동산에 불났다고
봄비는 내리는데

흙먼지 황사바람도
불끄러 왔는가

오월은
무대 저쪽에
막 오를 때만
기다린다.

가을에

웬일로 철쭉꽃이 억새 틈에 피어서
늦사랑 몰래하다 들킨 듯이 수줍어
타는 맘 노을 빛으로 발갛게 피어나네.

노오란 잔디밭에 푸른 솔 두어 그루
산토끼 까치소리 유년의 뜰 생각하니
산수유 붉은 마음은 하늘가를 흐르네.

곰말 다리 호수에는 산그리매 잠시 쉬고
올림픽 멈춘 함성 살아서 돌아온 듯
몽촌의 토성 단풍 꽃 백제 혼도 숨쉬네.

가을에

겨울비

무슨 일로
흐느끼며
슬피도
울고 있나

하늘꽃 아니 피고
주르륵 눈물인가

그 마음
아는 이 없어
숲 속에만
내린다.

연정戀情

섬강의
푸른 물가
갈대가
손짓하면

하이얀
솜털 같은
포근한
마음들이

하나 둘
별로 태어난
무지개 빛 그리움.

파도

갯바위에 부딪는
처얼썩 파도소리

흰 거품 토하더니
푸른 멍 또 생기네

무엇이
그리 서러워
저토록 통곡할까.

무지개

공작새
부챗살을
화알짝 펼친 듯

일곱 색 영롱한 꿈
하늘 속에 심으면서

환상의
꿈이 걸리는
신혼방 횃대줄인가.

-《강원문학 대선집》 2005. 6. 30

도담삼봉

고운님 등진 사랑
미운정 그리워서

돌로써 굳어진 꿈
앵돌아 눈물짓네

휘도는
꽃마음 물결
알런지나 모르죠.

삼봉*님 나라 사랑
학문의 뜻 세운 이곳

단양의 도담삼봉
석문은 선경의 문

청아한
가야금 소리
나그네를 붙잡네요.

*삼봉 : 정도전의 호.
　　고려 말 조선 초의 문신, 학자.

고향 길 무지개는
어머니의 마음인 듯,

양천산 봄꽃들은
어머니 사랑인가

해마다 그리움 속에
곱게곱게 또 핀다

어머니 그리운 숨결

모정 母情

자식들 근심걱정
무거운 어깨 위에

식은땀 젖은 옷에
평생을 살다 가신

어머니 그리운 숨결
꿈속에서 반기네.

고향 길 무지개는
어머니의 마음인 듯,

양천산* 봄꽃들은
어머니 사랑인가

해마다 그리움 속에
곱게곱게 또 핀다.

*양천산:충북 진천군 문백면 옥성리 고향 앞산.

방패연

돌담길 겨울햇살
꽃처럼 피어나고

초가집 굴뚝에선
흰 연기 모락모락

한가한 하늘자락에
방패연 편지 띄우네.

추억 따라 고향 가는
아련한 길모퉁이

얼레에 소원 담아
액운을 날려보낸

어릴적 소꿉친구들
웃는 얼굴도 매달아서.

삶

지난 일 뉘우쳐도
어쩔 수 없지마는

베풀며 성실하게
하루를 살다보면

인생길
낭떠러지에서
빗겨 설 수 있는 것을.

우리 얼
– 원주고 학생

치악산 기상 닮은
희망찬 원고 학생

북원뜰 흐르는 섬강
한민족 젖줄이다

영원성鴒原城
그 호국정신
살아있는 우리 얼.

초봄

얼음을 뚫고 나온
파릇한 연미나리

따스한 봄꿈 꾸는
복수초 노란 웃음

초봄을
알리는 소리
꽃망울 트는 소리.

홍시

산새가 불장난
불똥을 튀겼는가

앞산 뒷산 타오르니
하늘도 붉어지고

가을을
붉은감 하나
외등 켜고 지키네.

고향은

먼 곳을 헤매어도
생각은 문득문득

잠결꿈결 헤매어도
고향은 어른어른

마음을
다잡게 하는
그리움의 어머니.

수석

- 물개 닮은 형상석

새까만 물개가
물차고 솟구치네

거친 숨 몰아쉬며
장기자랑 몸매자랑

땅속의
그리움 녹여
무심無心으로 살아가네.

태양의 붉은 마음
– 손자 시환의 첫돌기념

태양의 붉은 마음
볼우물 물들이며

샛별을 눈에 담아
가슴에 새기면서

첫돌의
새벽달 아래
희망 나래 펼치리.

아가도 도담도담
정답고 아름답네

미쁘다 크는 모습
고운 맘 사분사분

푸른 솔
닮아 살아라
보배로운 꿈나무.

내 마음

들국화 피는 아침
옥구슬 아롱아롱

하늘엔 자줏빛 구름
뭉게뭉게 떠가고

내 마음
고향 가는 길
한발 앞서 먼저 가네.

침묵

오는 봄 가로막고
가는 겨울 붙잡네

개구리 깜짝 놀라
돌 틈에 다시 숨고

경칩 날
심술 꽃피는
하얀 세상 침묵이여.

불타는 노을

해질 녁 서쪽 하늘에
그림 한 점 걸렸네

고호의 그림을
누가 훔쳐 걸었나봐

하늘도
그림 속에서
빨갛게 타고 있다.

불타는 노을

깃털처럼

슬픔이 방울방울
눈물로 남아도

행복이 송골송골
땀으로 번져도

세상 일
훌훌 털고서
깃털처럼 살리라.

전원 교향곡

– 남에셀의 피아노 연주를 듣고

남태령 전원마을
우면산 정기 받아

예술 혼 잠을 깨니
산 꽃들 웃고 있네

베토벤
전원 교향곡
가슴으로 흐르고.

쌍무지개

금대골 치악 자락
개울가 쌍무지개

선명한 그림으로
하늘로 다리 놓고

선녀가
승천하는 길
곱고 고운 구름다리.

(2004. 9. 21. 17:10 성호 생일날)

조바심
– 시험 보는 날

떨리는 조바심 긴장된 오늘 하루
내일의 희망 품고 보람의 그 날 위해
오늘도 쓰디쓴 고통 참고 참는 시험 날.

풀죽은 화난 얼굴 시험을 망쳤구나
입가에 엷은 미소 만족한 시험이다
오늘도 희비가 갈리는 긴긴 하루 지겨움.

눈꺼풀 천근만근 피곤에 지쳐 있고
짓눌린 어깨 위에 내려앉은 삶의 무게
인생은 시작도 끝도 시험 보는 하루인가.

조바심

태풍

태풍이 지난 뒤에
남은 것 폐허의 땅

태풍이 지난 곳에
남긴 것은 절망의 늪

태풍이
지나가면은
원망만이 산이 되네.

낙엽처럼

– 실향민

해질 녘 노을처럼
빛 곱던 단풍잎이

비바람 몰아치니
이리저리 날리누나

이산의
서러운 눈물
낙엽처럼 떨어지네.

웃음꽃이 피네요

그대 없는 무릉도원
꽃 없는 적막강산

묵정밭 가시밭길
힘들고 괴로워도

임 함께
손잡고 걷는 길
웃음꽃이 피네요.

사랑의 열정
- 김미아 화가 전시장에서

동백꽃 그린 솜씨
사랑의 열정인가

따뜻한 마음속에
은은한 향기 품고

웃음꽃
살며시 피어
다향茶香함께 정주네.

행복이여

아름다운 동산에
봄꽃이 곱게 피면

무지갯빛 가슴마다
정겨움도 더해가고

소박한
사랑도 키워
익어 가는 행복이여.

세상 인심
- 노을, 안개

은비늘 반짝반짝
노을빛 곱던 하늘

물안개 피어나니
모두모두 사라지고

수시로
변하는 모습
세상 인심 보는 듯.

젊은이 귀감
- 최태영 은사님의 《단군을 찾아서》를 읽고

백수를 넘기고도
뜨거운 열정으로

단군의 잃은 역사
법학자가 밝히시네

젊은이
귀감이로세
한민족 보배로다.

한가위

가을 들녘 땀방울
하늘에서 빛나고

들국화 단풍 꽃
피어나는 가을 향

한가위
넉넉한 인심
마음 밭에 쌓인다.

한가위

자줏빛 고운 구름
하늘에 수繡를 놓고

겸손한 마음 밭을
알뜰살뜰 잘도 가꿔

행복한
꽃향기 속에서
시향詩香도 피어나리

큰 은혜 사랑밭에

은애당恩愛堂

– 손녀 시진施眞의 출생을 축하하며

큰 은혜 사랑 밭에
희망 싹 파릇하다

고운 빛 쌍무지개
엘에이 하늘 수를 놓고

행복의
보금자리에
환한 웃음 꽃피네.

태산의 산봉우리

태산의 산봉우리
곱게 핀 저녁노을

진리의 마음 밭에
씨뿌린 믿음 소망

은혜의
하루 하루가
웃음으로 꽃피네.

태산의 산봉우리

고요한 아침 햇살

고요한 아침 햇살
세상을 잠 깨우고

산울림 메아리가
사랑 꽃 피우나니

그윽한
산향山香에 취해
즐거운 생生 살련다.

새벽 산

새벽 산 맑은 공기
몸과 마음 건강한 삶

용기와 희망 품고
산처럼 듬직하게

사랑의
인생 길에서
곱게 피는 지혜 꽃.

은혜가 샘물처럼

은혜가 샘물처럼
흘러서 가는 길

온 누리 밝은 미소
환한 마음 등불 되고

행복한
믿음과 소망
사랑으로 꽃피네.

강물이 흘러흘러

강물이 흘러흘러
바다 품 안겨들고

곧은 뜻 곱게곱게
피어난 행복의 길

희망찬
미래를 여는
보람찬 은혜의 길.

강물이 흘러흘러

자줏빛 고운 구름

자줏빛 고운 구름
하늘에 수繡를 놓고

겸손한 마음 밭을
알뜰살뜰 잘도 가꿔

행복한
꽃향기 속에서
시향詩香도 피어나리.

흘러가는 강여울

흘러가는 강 여울
쉼 없는 노력 끝에

알찬 삶 건강 인생
아름다운 꽃향기

다정한
웃음소리에
행복의 문 열리네.

목련꽃 피는 집

백목련 진달래꽃
곱게 핀 꿈의 정원

개나리 노란 웃음
라일락 취한 향기

부부의
사랑 향내가
뜰 가득히 퍼지네.

꽃구름 흘러가고

꽃구름 흘러가고
백학白鶴은 춤을 추네

청산의 솔가지 위
하얗게 수를 놓고

청운靑雲의
꿈을 이루며
웃음소리 영원히.

푸른 솔 향기로운

푸른 솔 향기로운
사랑이 가득한 집

화화화화花畵和 웃음소리
연꽃으로 피어나고

즐거움
취한 행복에
타오르는 예술혼.

하얀 배꽃

하이얀 배꽃처럼
순수한 맑은 마음

영롱한 꿈이 피는
따사로운 봄바람에

이순향梨純香
가슴을 적시는
고운 단비 되리라.

난꽃이 피는데

난향蘭香이 묵향墨香따라
소나무 푸른 언덕에

학처럼 고운 자태
피어나는 고운 미소

은혜의
사랑 찬 메아리
난 밭에서 머무네.

예술이 꽃피는 집

예술 꽃 활짝 피운
희망찬 보람의 삶

피아노 고운 선율
살아 있는 꿈의 향연

열정의
환상적 연주
세계인들 우러러…….

한마음 한뜻으로

한마음 한뜻으로
몸과 맘 바친 보람

밝은 웃음 고운 정에
인생길 아름답고

정성을
다한 삶의 행복
어제, 오늘 또 내일도…….

푸른 뜰

큰 꿈을 늘 푸르게
마음 밭 갈고 갈아

소망 빛 사랑으로
인생꽃 아름다움

곱게도
열매 맺는 곳
푸른 뜰의 꽃물결.

솔빛 향기 가득한

솔빛 향기 가득한
치악산 바라보며

평상심平常心 고요 깃 든
행복한 건강 꽃길

망중한忙中閑
여유 즐기며
즐거움에 취하네.

푸르른 산 언덕에

푸르른 산언덕에
한가한 여유로움

즐거운 하루하루
머릿속 그리면서

환희의
아름다운 꿈
큰 뜻 함께 펼치리.

푸르른 산 언덕에

샘물이 흘러가니

샘물이 흘러가니
강 바다 웃음 웃고

고요한 일상 속에
청정심淸淨心 살아난다

인간애人間愛
깊은 가슴에
꽃피우는 보람의 삶.

꽃 피운 문화 향기
– 상산 류각현 시인의 《은항 문화상》 수상을 축하하며

1.
상상을
초월하여
겨레시로 정情 보듬고

산 넘어 진천 건너
맑은 고을[淸州] 큰 뜻 펴내

갑년연甲年宴
원주 잔치 길
은항상 빛나도다.

2.
유명한
스승상도
상산常山 두고 하는 말로

각자覺者로 깨달음도
예절교육 고운 글로

현세대
꽃피운 문화文化

향기도 가득차다.

3.
은하수
흐르는 밤
문예창작創作 쏟아내며

항상심 갈고 닦은
충성효도 덕담德談펴며

그 사도師道
참 가르치심
본받아 살라한다.

4.
글재주
부리다가
훈장訓長생활 하다보니

작가론 펴 보다가
문학 대도大道 쓰다보니

그 선비
고운 정情 담아
겨레시 불 밝히다.

2005년 9월 9일
은항문화상 시상식장에서
北 岳 齋

삶의 여유 혹은 시의 여유

삶의 여유 혹은 시의 여유

삶의 여유 혹은 시의 여유

이호림李豪林
문학평론가 · 성균관대학교 강사 · 문학박사

1) 산은 산이요 물은 물이로다

열심히 산다는 것은 늘 아름다운 일이다. 삶을 성공한 삶이니 실패한 삶이니 나누는 것은 단순한 이분법이다. 그와같은 단순 이분법으로부터 끊임없이 벗어나는 게 삶의 참 모습이다. 삶은 단지 우리에게 열심히 살아가라고 요구할 뿐이다. 그 끝은 이럴 수도 있고 저럴 수도 있다. 그 판단은 우리들의 몫이겠지만, 열심히 살아왔다면 삶은 그것으로 만족이다.

완성된 삶이란 정형화되어 있는 것이 아니다. 무수히 많은 경우의 수들이 있다. 보는 각도에 따라 그것은 달라지게 마련이다. 어떻게 보면 완성된 삶이란 환영이요 환상일 뿐이며 존재하지 않는 것일는지도 모른다. 그러나 사람들은 완성된 삶에 관하여 요구한다. 그것은 우리에게 규범처럼, 규범으로 다가든다. 우리는, 애써 우리네 삶을 그 규범 속에 끼워맞추려 한다. 열심히 산다는 것은 그와같은 규범에 대한 인간이 선택할 수 있는 가장 성실한 반응 양태이다.

열심히 살아온 사람들만이 누릴 수 있는 특권이 있다. 삶의 여유라고 하는 것이다. 열심히 살아보지 않은 사람들에게는 결코 올 수 없는, 오지 않는 권리이다. 오랜 세월 동안을 자신을 규범 속에 가두어본 사람만이 그 규범으로부터 자유로워질 수 있다는 것은 삶의 아이러니이다. 그러나 분명 그와 같다. 달리는 우리에게 자유로움은 오지 않는다.

산은 산이요 물은 물이라고 말할 수 있는 권리는 아무에게나 주어지는 것이 아니다. 분명 산은 산이요 물은 물이지만, 산과 물이 뒤섞여 뒤죽박죽 되는 게 우리네 삶이다. 흔히 산은 산이 아니고 물은 물이 아니다. 어처구니없고 어이없는, 부조리한 현상이 끊임없이 발생하는 게 우리네 삶의 현장이다. 이건 이것이고 저건 저것이라고 말할 수 있는 것은, 열심히 살아온 사람만이, 그리고 이제 열심히 산다는 것이 전혀 버겁거나 부담으로 다가들지 않는 사람만이 감히 할 수 있는 행동이다. 우리는 그런 사람을 연륜 깊은 사람이라고 부른다.

2) 시인의 경우

류각현 시인은 자신의 표현대로 '한 갑자 살았고, 이제 이순의 언덕에서 새로운 갑자를 시작하며 쉼표처럼' 시인으로 등단했다. 상당히 늦은 나이의 등단이라고 하지 않을 수 없다. 우리는 흔히, 청소년기의 젊은 시절에 시인이 아닌 사람은 없다고 한다. 그 시절 시 한구절 끄적여보지 않은 사람은 없을 정도라고 한다. 그만큼 시란 젊음과 연계되어 있는 무엇이라고 여겨진다는 얘기일 것이다.

시가 그렇게 젊음과 연계되는 무엇이라고 하면, 류 시인과 같은 그런 이순의 언덕을 바라노는 나이에서의 시 입문은 좀 낯설게 여겨지는 게 사실이다. 그러나 시라고 하는 것이

젊음과 연계되는 무엇이긴 하지만, 꼭 젊음의 전유물인 것은 결코 아닌 것이다. 시는 그 이상이며, 분명 그 이상이어야 한다. 시는 우리네 인생 과정에서 언제든 재출현이 가능하며, 가능한 것이어야 한다. 시가 다름아닌 인간의 표현이라면 바로 그와같지 않아서는 안 될 것이다.

이와같은 점에서 류 시인의 출현은 그 자체로서 반가운 일이 아닐 수 없다. 시가 우리네 인생의 전과정과 함께 하는 것이고, 젊음의 한때 반짝 하고 마는 것이 아니라는 것을 단적으로 보여주는 사례이기 때문이다.

이런 식으로 이해할 수도 있을는지는 모르겠다. 류 시인이 그 오랜 세월이 지나도록 젊은 날의 그 열정과 아스라함을 아직도 가슴 속에 고스란히 간직하고 있기 때문이라고 말이다. 아마도 맞는 추론일 것이다. 그러지 않고서는 시인은 결코, 감히 시인이란 결코 가볍지 않은 업을 뒤집어쓰려 하지 않았을 것이다. 그러나 그런 추론만으로는 시인되고자 함을 전적으로 표현하기에는 턱없이 부족함이 있지 않겠는가. 어떤 시인치고 젊은 날의 그 아스라한 열정을 잊고 있는 시인이 있을 수 있겠는가.

류 시인의 출현은 아무래도 회갑의 나이에서 얻게 된 삶의 관조랄까 아니면 삶의 여유랄까 하는 것과 떼어놓고서는 말하기 어려울 것 같다. 이건 젊음의 열정과는 다른 것이지만 분명 시심으로 인도하는 중요한 모티브 중의 하나임에 틀림없다. 삶의 여유, 삶에 대한 관조란 아무에게나 다가올 수 있는 것은 아니다. 그것은 열심히 살아온 사람에게만 다가오는, 허용되는 권리같은 것이다. 우리는 류 시인이 자신의 삶을 남들보다 매우 열심히 살아왔음을 추측해볼 수 있다. 그건 그것 자체로 기쁨인데, 우리가 우리 곁에 우리를 대신하여 노래해줄 새로운 시인을 가질 수 있는 조건이 되어주었기 때문이다.

3) 자연과 인생

류 시인의 시에는 분명 젊음의 열정이나 격정은 없다. 슬픔, 비통, 그리움, 아스라함, 환희 같은 감정의 직정적 표현들도 없다. 그래서 류 시인의 시에 독자들은 쉽사리 감정이입을 못하게 될 수 있다. 감정이입을 못하니까 시가 재미가 없고, 공허한 메아리처럼 허공으로 떠버리고 만다.

그러나 류 시인의 시에는 그와는 다른 미덕이 있다. 류 시인의 시에는 삶에 대한 관조와 삶의 여유가 있다. 연륜을 통해서만 얻어질 수 있는 값진 경험들의 보고가 있다. 쉽사리 감정이입을 할 수는 없지만, 자꾸 음미하면 음미할수록 감칠맛이 나는, 읽는 사람의 심신을 맑게 하는 맑은 숨결이 깃들어 있다.

슬픔, 환희, 비통, 격정 그런 것들이 구르고 깎이고 다듬어져 더 이상 구르고 깎이고 다듬어질 구석이 없게 된다면 어찌 될까. 그렇다면, 이미 그런 것들에 대하여 읊조린다는 것은 무의미한 일이 될 것이다.

감정의 편린들이란 그럴 수 밖에 없는 것이다. 세월이 가면 깎이고 다듬어져 보름달처럼 둥그레질 수 밖에는 없는 것이다. 그렇기 때문에 우리는 류 시인의 작품을 읽을 때 다른 시들에 비하여 한번 더 읽는 선심을 쓸 필요가 있다. 다른 시들을 한번 읽을 때 시인의 시는 두 번 읽도록 하자. 다른 시들을 두 번 읽는다면 시인의 시는 세 번 읽도록 해 보

자. 그러면 느낄 수가 있다. 시인의 시 속에 담긴 그 허허로
움을. 그것은 모든 감정의 편린들이 보름달처럼 둥그레졌음
을 의미한다. 그래서 류 시인의 시들은 우리의 숨을 가쁘게
하는 것이 아니라 편안하게 만들어준다. 그것이 류 시인의
시의 또 다른 미덕이다

> 지나온 인생길 뒤돌아 다시 보니
> 계절은 가을인데 거둘 것 없어라
> 인동초 마음에 심어 꽃피워 보리라
>   - 서시

　류 시인의 시에는 인생이 있고 그리고 그 옆에 자연이 놓
인다. 혹은 그 반대라고 해도 상관없다. 자연이 있고 그리고
그 옆에 인생이 놓인다고 해도 좋다. 류 시인은 자연을 노래
한다. 그러나 그 자연은 인생, 인간의 삶과 무관하거나 동떨
어져 있는 자연은 아니다. 자연을 노래하되 그 자연은 인간
의 삶의 모습, 흔적이기도 한 것. 이것이 류 시인의 대강의
자연송이다.

> 노고단 1507미터 영봉의 노을 속에
> 잠시나마 시름 잊고 속세俗世를 벗어났네
> 운해의 구름송이가 꽃으로 핀 목화여.
>   - 지리산 10경 중 제2경 노고운해

> 밀림과 고사목에 떠오르는 둥근 달은
> 차갑고 시리도록 푸르른 비취라네

밝은 달 주인 없으니 나도 즐겨 갖고 놀고……
– 지리산 10경 중 제4경 벽소명월

　자연의 경이로움을 잘 표현한 시편들이다. 이 시편들 속에서는 자연 대상물과 시인의 자아가 일체가 되어 주관과 객관의 이분법이 상쇄되어지고 있다. 물아일체의 경지라고 하던가. '나도 즐겨 갖고 놀고'란 표현 속에 그와같은 경지의 모습이 한껏 엿보여진다. 물아일체의 경지는 황홀함의 순간이다. 그러므로 이것은 순간의 미학일 텐데, 실상 시란 순간의 미학일 것이다.

　그러나 이러한 순간은 한 순간에 포착되는 것이긴 하지만, 이면이 있다. 이면이 없다면 이러한 순간은 포착 불가능할 것이다. 그 이면은 삶을 바라보는 여유로움이다. 삶에 대한 여유로움이 자연의 경이와 마주칠 때 이와같은 물아일체의 순간을 포착하게 되는 것이다. 삶에 대한 여유로운 태도는 삶에 대한 열심과 그로부터 쌓인 연륜에서 가능해지는 것이다. 그러므로 이 시편들 속에서 오히려 류 시인의 살아온 인생과 연륜을 느끼게 됨은 결코 가상이 아니다.

　자연과 인생의 상관관계는 류 시인이 역사적인 대상물에 초점을 맞출 때 한층 극명하게 드러난다. 류 시인의 시야에는 흔히 역사성을 지닌 자연물들이 포착된다. 하나의 자연물이긴 하지만 그것은 삶의 흔적이 배어 있는 자연물인 것이다. 삶의 흔적이 배어 있는 자연물과의 일체감을 통하여 시인은 자연을 노래하는 한편으로 인생의 편린들을 얘기하고 있는 것이다.

임금님 올라 놀던 소나무는 말이 없고
안타까운 그 모습 뻐꾸기 대신 우네
관음송 보았으리라 패륜 눈감은 하늘을.
    - 영월, 편안히 넘어가는 곳 중 관음송

신라의 의상대사 주야로 수도한 곳
입석대 큰 바위는 하늘 향해 호령하고
가던 길 멈춘 길손은 숨죽이며 우러러보네
    - 치악팔경 중 입석대

류 시인이 자주 역사적인 대상물에 시야를 고정시키는 것은 자연과 인생을 이분법적으로 보지 않으려는 태도와 무관하지 않다. 자연물 속으로 삶의 흔적이 깃들고 삶의 흔적이 각인된 자연물, 그것이 역사적 대상물인 것이다.

헌데, 역사적 대상물이란 삶의 허무랄까 무상감같은 것을 느끼게 해주는 것이 사실이다. 켜켜이 쌓인 먼지와 아무렇게나 자라난 잡초에 둘러쌓여 생의 뒤안길로 사라져버린 것들이란 허망하고 아득하고 무상하지 않는가. 역사물을 다룬 류 시인의 시 속에서 이와같은 무상감이 느껴지는 것은 이 때문일 것이다.

류 시인은 삶의 허무감에 대해 읊고자 하는 듯도 보인다. 그것은 동양의 허정虛靜의 세계를 닮아있는 듯 보인다. 인생무상에 대한 깨달음 속에서 일체의 욕심을 끊고 자연으로 돌아가 자연을 벗삼아 살아가는 도리. 류 시인은 삶을 직설적으로 표현한 '인생'이라는 시에서 다음과 같이 읊조리고 있다.

꽃은 피자 떨어져
땅 위에 잠이 들고

봄눈은 내리자
자취를 잃어가듯

인생도
한떨기 눈꽃
소리없이 스러지네.
　　　　- 인생

　인생을 '한떨기 눈꽃'에 비유하고 있다. 눈꽃이란 햇볕이
나 기온이 상승하면 금세 사라질 운명의 것이다. 분명 허무
함이 느껴지는 시어이다. 인생이 한갓 스러질 눈꽃에 불과한
것이라면, 얼마나 허망한 일인가. 시인은 분명 그렇게 보고
있다. 시인이 자연을 읊고 자연과의 일체를 애써 요구하는
것은 이 때문일는지 모른다. 인생의 허무함을 깨닫고 동양적
인 허정의 세계로 침잠하려 한다는 것이다

　그러나 이것은 오해이다. 류 시인은 결코 동양적인 허정의
세계로 침잠하거나 가라앉지는 않는다. 인생의 허무감을 깨
닫고 있고, 자연 대상물들과의 일체를 요청하고 있긴 하지
만, 그건 그것과는 다른 지평에서이다. 동양적인 허정의 세
계란 순수하고 무구하고 깨끗할지는 모르지만 결국 도피의
세계인 것이다. 도피가 대안이 될 수는 없는 일이다.

　류 시인은 결코 도피하지 않는다. 인생의 허무함을 깨닫고
있지만 그럼에도 불구하고 생활로 되돌아온다. 류 시인이 노

래하는 자연이 단순한 자연 예찬으로 끝나는 것이 아니라
인생의 흔적이 묻어나오는 게 그 때문이다. 류 시인의 시들
은 맑고 깨끗하고 순정하다. 그러나 그것은 도피가 아니고,
그것으로 끝나는 게 아니라 생활에의 재발견으로 이어진다.

지난 일 뉘우쳐도
어쩔 수 없지마는

베풀며 성실하게
하루를 살다보면

인생 길
낭떠러지에서
빗겨 설 수 있는 것을.
               - 삶

'낭떠러지에서 빗겨 설 수 있다' 는 것이다. 이것은 생활에
의 재발견이며 생활로의 되돌아옴이다.
이와같은 양상을 잘 보여주는 게 일련의 '꽃' 연작시들이
라고 할 수 있다. 우리 생활 주변에서 쉽사리 볼 수 있는 꽃
의 연작시들을 통해서 시인은 생활 속에 굳건히 뿌리박고
있음을 우회적으로 보여주고 있다고 할 수 있다.

우윳빛 언 땅 놀라
봄빛도 고와라

봉긋한 가슴 열어
고요를 깨우면

앞뜰엔
소담하게 웃는
염화미소 고운 얼굴
            – 목련

붉은 마음 기다림이
샛노란 그리움 되어

태양을 사모하다
지쳐서 돌아누워

고개를
떨구고서는
서럽도록 우는 여인
        – 비에 젖은 해바라기

　목련이니 해바라기니 하는 꽃들은 우리 주변에서 흔히 볼
수 있는 꽃들이다. 우리가 생활을 유지해가면서 얼마든지 접
할 수 있는 꽃들이다. 한마디로 생활 속에 핀 꽃들이라고 할
수 있다. 류 시인이 우리가 흔히 보는 이런 꽃들을 대상으로
한 연작시들을 노래하고자 하는 이유는 분명해 보인다. 인생
의 허무감 속에서 허정의 세계로 도피하는 것이 아니라 다
시 생활세계로 돌아오고 있음을 보여주고자 한다는 것이다.

'봉긋한 가슴, 앞뜰, 소담하게'나 '기다림, 샛노란 그리움, 서럽게 우는 여인'등등의 시어들에서 그 점을 잘 느낄 수 있다. 이것들은 우리들의 생활세계와 밀접한 시어들인 것이다.

류 시인은 자연과 인생을 노래한다. 그의 시편들에서는 삶의 여유로움이 느껴진다. 그러한 삶의 여유로움은 인생을 열심으로 살아온 사람만이 누릴 수 있는 특권이다. 류 시인은 그 여유로움을 밑바탕으로 하여 자연을 관조하고 생을 노래한다.

그 노랫 속에는 생에 대한 허무감이 엿보인다. 그러나 시인은 결코 허정의 세계로 침잠하거나 가라앉지 않는다. 도피하려들지 않는다는 것이다. 류 시인은 다시 생활세계로 돌아온다. 생의 의미를 재탈환하려 하고, 그럼으로써 '소담한' 것들이 주는 행복과 함께 하려 한다. 류 시인의 시를 읽는 즐거움은 도피가 아닌 생활의 의미를 재발견하고자 하는 그 노력과 만날 수 있다는 데에 있을 것이다.

류 시인은 등단한 지 얼마 안 된 시인이다. 시의 세계가 아직 뚜렷하게 확정되어 있지는 못하다는 얘기가 될 터이다. 그러나 어떤 단초는 보이는 게 확실하다. 필자는 그것이 삶의 여유에서 찾을 수 있다고 본다. 삶의 여유를 밑바탕으로 하여 자연을 관조하고 인생을 읊조리고 있다는 것이다. 그 자연과 인생은 오랫동안 동양 정서의 한 축을 이어온 허정의 세계와 맞닿아 있는 듯도 보인다. 그러나 류 시인의 시들은 그곳으로 도피하는 것으로 끝나지 않고 있다. 류 시인의 시들은 다시 생활세계로 돌아오고 있다. 그리하여 생활세계에 뿌리내리고 그것의 의미를 재탈환하고자 하는 희망을 보여준다. 그것이 필자는 류 시인의 시의 미덕이라고 본다.

류 시인은 등단한 지는 얼마 안 되지만 그 활동은 왕성하다. 지난 3월에 첫 번째 시집을 발간했고, 이제 두 번째 시집을 엮는다고 한다. 시인의 왕성한 활동에 찬사를 보내며, 앞으로의 문운을 기대해본다.